ETERNAL TRAFFIC

MILA HAUGOVÁ
ETERNAL TRAFFIC
SELECTED POEMS

Translated by
James Sutherland-Smith
with Katarína Šoltis Smith

with an Introduction by
James Sutherland-Smith

2020

Published by Arc Publications,
Nanholme Mill, Shaw Wood Road
Todmorden OL14 6DA, UK
www.arcpublications.co.uk

Original poems copyright © Mila Haugova, 2020
Translation copyright © James Sutherland-Smith, 2020
Introduction copyright © James Sutherland-Smith, 2020
Copyright in the present edition © Arc Publications, 2020

The 'Dormi' poems in this volume have been selected from *Biele rukopisy*, published by Ars Poetica in 2007, and the remaining poems from *Miznutie anjelov*, published by Slovenský spisovateľ in 2008.

978 1911469 60 5 (pbk)
978 1911469 61 2 (hbk)

Design by Tony Ward
Printed in Great Britain by T.J. International Ltd,
Padstow, Cornwall

Cover picture:
'The Green Heart' by Igor Krumpal,
by kind permission of the artist

This book is in copyright. Subject to statutory exception and to provision of relevant collective licensing agreements, no reproduction of any part of this book may take place without the written permission of Arc Publications.

This book has been published with the financial support of the SLOLIA Commission, Literary Information Center, Bratislava.

**Arc Publications Translations series
Series Editor: Jean Boase-Beier**

CONTENTS

Translator's Introduction / 7

from
WHITE MANUSCRIPTS

12 / Dormi 1 • Dormi 1 / 13
14 / Dormi 2 • Dormi 2 / 15
16 / Dormi 3 • Dormi 3 / 17
18 / Dormi 4 • Dormi 4 / 19
20 / Dormi 5 • Dormi 5 / 21
22 / Dormi 6 • Dormi 6 / 23
24 / Dormi 7 • Dormi 7 / 25
26 / Dormi 8 • Dormi 8 / 27
28 / Dormi 9 • Dormi 9 / 29

from
THE DISAPPEARNCE OF ANGELS

32 / 'Akoby...' • 'As if...' / 33
34 / Bez • Without / 35
36 / 'Vziať reč...' • 'To take hold...' / 37
38 / Levitcia • Levitation / 39
40 / Neha dialky je • The Tenderness of
nepriestrelná   Distance / 41
42 / Extáza • Ecstasy / 43
44 / 'Nezabudni na nás...' • 'Don't forget us... ' / 45
46 / '... chcem aby...' • '... I want you to know...' / 47
48 / Fragmenty jednej... • Fragments of the One Language... / 49
50 / Fragmenty miznutia... • Fragments ... Vanishing Language.../ 51
52 / Fragmenty miznúcej • Fragments ... Vanishing Speech ... / 53
54 / Fragmenty miznúceho... • Fragments ... Vanishing Childhood / 55
56 / Reč z miznúcich... • Speech ... Vanishing Fragments / 57
58 / Terč pasce reči... • Target of a Speech Trap / 59
60 / 'Ako si zvykám...' • 'How I get used to it...' / 61
62 / Piano Nobile • Piano Nobile / 63
64 / Priesvitnosť • Translucency / 65
84 / Plant room I • Plant Room I / 85
86 / Plant room II • Plant Room II / 87

88 / Plant room III	•	Plant Room III / 89
90 / Plant room IV	•	Plant Room IV / 91
92 / Plant room V	•	Plant Room V / 93
94 / Plant room VI	•	Plant Room VI / 95
96 / Plant room VII	•	Plant Room VII / 97
98 / Plant room VIII	•	Plant Room VIII / 99
98 / Plant room IX	•	Plant Room IX / 99
100 / Canto triste	•	Canto Triste / 101
102 / 'pripravené strieľať…'	•	'Ready to shoot…' / 103
104 / 'raj je záhrada…'	•	'paradise is a garden… / 105
106 / V tráve	•	In the Grass / 107
108 / Ako	•	How / 109
110 / '… akoby…'	•	'… as if an upturned…' / 111
112 / 'nepatriť len…'	•	'don't belong only to love…' / 113
114 / Zimný telefón	•	Winter Telephone / 115
116 / Izba	•	Room / 117
118 / Srna za ohradou sna	•	Roe Deer Behind the Fence… / 119
120 / Crimson alzarín	•	Alzarin Crimson / 121

Biographical Notes / 123

INTRODUCTION

Mila Haugová was born on 14 June 1942 in Budapest. Although her mother was Hungarian, Mila has lived the best part of her life in the Slovak village of Zajačia dolina not far from Levice in Central Slovakia. In the immediate post-war years, in common with many other families in Central Europe, Mila's family moved from place to place. From 1951 to 1953 her father was imprisoned after being found guilty of "economic sabotage". Mother and daughter were forced to move to very modest surroundings which they only left following her father's amnesty in the wake of the deaths of Stalin and the Czechoslovak leader, Klement Gottwald. In 1954 her family found a house in Zajačia Dolina, where her mother lived until her death.

Mila studied in the Agricultural College in Nitra until 1964, and it was actually at this time a refuge for kindred spirits, people who had not been chosen by other colleges. The eventual fates of her fellow agricultural students who marched to manual labour, pulling turnips, mucking out pigs and milking cows, were film, opera direction, house design, literary journalism in Brno, Vienna, California and so on.

After college Mila was employed in an agronomics organisation gaining an expertise which informs her poetry as can be seen in this translation. Later she had a position teaching in an agricultural technical school in Levice. In 1967 she married and for a short period she emigrated to Canada, but returned after finding it impossible to write. She worked as a teacher in Levice and Ivanka pri Dunaji, and then moved to Bratislava in 1972 following the birth of her daughter. She worked in an elementary school and immersed herself in literary work until her first collection, *Hrdzavdá hlina* (Rusty Clay) in 1980, which she published under a pseudonym, Mila Srnková. This pseudonym is recalled both in her 2016 collection, *Srna pozerajúca Polárku* (Roe Deer looking at the Pole Star) and in a key poem, 'Priesvitnost' (Translucency) in the current selection when a doe is killed by a car in which the poet is a passenger. Throughout her writing life Mila's poetry has moved in a universe parallel to, but not converging with, her life.

An increasing commitment to literature resulted event-ually in her taking unpaid leave from her school, engaging in intensive translation from Hungarian and German, taking evening classes in English, and forming lasting friendships with a number of writers including the poet, Ivan Štrpka. She published two further collections resulting in the growth of her reputation, and the leading critic, Valér Mikula, observed, "We should prepare ourselves for the fact that from now on poetry will not be important for Haugová, but that Haugová will be important for poetry". From that time she has been a prolific and dominant force in Slovak poetry with almost thirty individual collections of poetry to date. She has been translated into a number of languages with significant selections of her work in French and German and in 2003, the present publisher brought out a selection in English, *Scent of the Unseen*, devoted to her work in the 1990s.

From 1986 to 1996 Mila was editor of the important literary journal, *Romboid*. She became dissatisfied with the anecdotal nature of her work and her fourth collection, *Cisté dni* (Pure Days), did not appear until 1990, signalling not only artistic but also personal changes in her life. Although this collection, too, was well-received, Mila's mature style is not fully evident until *Praláska* (Ancient Love) in 1991 when she began to delve deep into the history and prehistory of humankind, resisting the obvious attractions of a newly available west. *Praláska* introduced the persona of Alfa whose presence dominates that collection and who recurs throughout subsequent collections. Other elements that this collection introduced include motifs derived from the classical world and biblical worlds: Oedipus Rex, Pompeii, Salomé and Cassandra, the last as the prophetess destined not to be believed and an important identity in Mila's work.

Mila's later collections from the 1990s consolidated the gains made in *Praláska*. Syntactically, most of her work moved away from the standard sentence towards the juxtaposition of fragmentary phrases becoming paratactic in utterance. Her poems, although carefully constructed, have something of the character of notebook entries, often dated or dedicated to an individual.

Mila's forays into prehistory, the classical and Christian legacies are all of a piece with her radical approach to language. The "word" is frequently invoked as an antithesis to "body" or indeed in commerce with the body and frequently words are split apart especially at line endings to exploit the expressive word-play opportunities in Slovak prefixes. The device of accumulating phrases rather than balancing sentence against sentence resulted in an individual punctuation. In *Praláska*, she had also begun to use lower case rather than capital letters at the beginning of sentences. The effect of this is that sentence flows into sentence, the caesura becomes a matter of continual negotiation and thus the meaning of the text also resists being pinned down. She was beginning to move away from writing poems as distillations of experience, but rather creating experience with language. In a conversation with me, Mila claimed that the difference in a work was that she was a visual poet and that I was a more musical poet. But it seemed to me at this point the prosodic flow and thus the aural quality of her work was becoming central.

In the early years after 2000 there was a feeling among certain Slovak critics that Mila was beginning to repeat herself. Moreover, her collections such as *Atlas piesku* (A Map of Sand, 2001) and *Zavretá záhrada (reci)* (The Closed Garden (Colloquies), 2001), pose formidable problems for readers who are unacquainted with her previous work. *Atlas piesku* draws from the poetry of Georg Trakl and Paul Celan, the technology of photography and extensive word play. For some readers, Mila's punctuating procedures had become more idiosyncratic. *Zavretá záhrada* gave more cause for concern about the increasingly self-referential nature of Mila's work. It was difficult for them to keep faith with texts continuously disrupted by insertions often of a recondite nature. Alfa is reduced to a fugitive mention: I am here again (Alfa) in the mould of daily opaque somnambulism.

However, with her collections *Biele rukopisy* (White Manuscripts, 2007) and *Miznutie anjelov* (The Disappearance of Angels, 2008) Mila's years of experimentation have produced poetic texts of a high order. The present selection opens with the concluding sequence from *Biele rukopisy*, the nine poems of 'Dormi' (from the Italian 'you sleep') and continues with the greater part of *The Disappearance of Angels*. At the core of the present collection, *Eternal Traffic*, are a love affair and a consciousness both wounded and inspired by childhood. Mila's work is suffused with the understanding that human beings do not discard meanings as their lives continue, but accumulate and transform them as they interact with the world.

'Dormi' is a rapt contemplation of a male lover, almost a paradisal experience in which "everything answers / Expectation; red and white flowers; quince and apple trees" and "With proof of sublime experience. / Being two. / Between." It is followed by a bridge passage of fragmentary poems where both an emotional and metaphysical tension become evident: "Everything is just one high and intolerable voice." The paradisal gives way to a series of fragments where love vanishes and childhood terrors are recalled. 'Fragments of a Vanishing Childhood Terror (Speech)' recall that Mila's father was imprisoned in the early 1950s for economic sabotage, a crime created by the Communist regime, to discipline awkward individuals by giving them economic targets impossible to fulfil. Childhood memories continue and focus on the difficulties of speech, including the difficulties of having to speak cautiously outside one's family and the difficulties of being bilingual (Mila was brought up speaking both Slovak and Hungarian).

'Translucency' is the central sequence here, characteristic of Mila's major collections. The third part narrates an accident when a deer is killed by the car in which Mila is riding. It signals the beginning of the end of a relationship:

> I wanted to say: I'm tired
> I am weary to death from the death of an unknown
> animal, I was scared stiff
> and love was unrecognizable.
> (p. 69)

It explores the widening rift between lovers with all the backtracking and reflections over a gradually deepening unhappiness: "So you live in the heart of light. You try to submit: / sometimes it looks like happiness." (p. 81). Close to the end of the sequence there is an accusation and an identification with the killed deer: "You give your paintings: an idea without guilt: the bed of the stream / the killed doe: me" (p. 81).

'Translucency' is a major poetic achievement, but it is equalled by the sequence that succeeds it, 'Plant Room I to IX'. Plant Room V is possibly one of the loveliest poems written in Europe this century. A traditional trope is reworked into a marvellous image of the perplexities of love:

> If I wanted, I would have leaned out of a window anywhere
> to the wounded naked stars I woke up to the mirror which would
> hold nothing and the man would smile forever with a barely noticeable
> movement he'd invite me: he'd call me with the name of a star name of a dream
> what would I (have then done) (NOW do)?
> (p. 93)

Mila Haugová writes of the intricacies of human emotions, their revelations and their concealments with an insight very few other poets have ever approached.

James Sutherland-Smith

from
WHITE MANUSCRIPTS
BIELE RUKOPISY

DORMI 1

Spi neskôr Anjel s krehkým zápästím
Ktosi má skoro vždy zatvorené oči.
Pod mnohými viečkami spi.
Spi neskôr.
Tak hlboko ako je Boh.

DORMI 1

Sleep later Angel with a delicate wrist.
Someone almost always has their eyes closed.
Sleep under many eyelids.
Sleep later.
Thus profoundly, as God is.

DORMI 2

Teraz si odvrátený odo mňa.
Staviaš domy na ktoré skáču akrobati.
Zachytávaš miznúci svet. Za nami to čo bolo
Už nie je. V dlhej chodbe predĺžený
Tieň tvojho kroku. Lampa pri mojej posteli
Je tvoja. Nesmiem vojsť do
Tvojej pozornosti akrobata stavajúceho
Nad seba štyri stoličky na ktoré sa postaví
Na jednej ruke. Nohy kvôli balansu
V tvare ypsilonu. Ako pri dlhom
Pozornom milovaní. Spím. Tvojou vôľou.

DORMI 2

Now you're turned away from me.
You're building houses on to which acrobats leap.
You're seizing a vanishing world. Behind us what was
Is no longer. In the long corridor an extended
Shadow of your stride. The lamp by my bed
Is yours. I'm not allowed to enter
Your attention to the acrobat placing
Himself above four chairs on which he stands
On one hand. In the interests of balance
Legs in the shape of a Y. As with long
Attentive loving. I'm sleeping. By your will.

DORMI 3

Kone sú zvieratá svetla.
Terče jazdkyne s hviezdou.
Šíp prestrelený šípom. Skúmam
Znútra Tvoju hodvábnu peru.
Vzory svetiel klesnú na
Dlhú odhalenú nohu.

Einfühlung ineinander
Je nevyhnutné mať slová
(medzizviera)

DORMI 3

Horses are animals of light.
Targets of a rider with a star.
Arrow pierced by arrow. I explore
Your silk lip from within.
Patterns of light fall upon
A long leg exposed.

Einfühlung ineinander
It's requisite that there are words
(animalinbetween)

DORMI 4

Záhada nášho príchodu na to isté miesto.
Počúvajúca izba. Nad tebou (divorastúca askétka).
Na kožušinovej lúke s úzkymi vchodmi do deformovaného
Kruhu. Vkladali sme sa do seba vkladali sme do seba túžby
A nedokonalosti nášho dovtedajšieho života.
V Klagenfurte na stanici si v novembri 1999 položil
Ruku na okno vlaku. Osem hodín som sa viezla s tvojou stopou.
A teraz hovoríš, že telo nič neznamená.
A vždy znova prúdenie sedimentácia sebavznietivé slová –

DORMI 4

The mystery of our arrival at the same place.
A listening room. Over you (a wild-growing ascetic).
On a furry meadow with narrow entrances to a warped
Circle. We entered ourselves we entered desire in ourselves
And the imperfections of our more than gone lives.
In Klagenfurt at the station in November 1999 he placed
His hand on the window of the train. Eight hours I'd held to your track.
And now you say that the body means nothing.
And again and again the sedimentation of self-combusting words flowing –

DORMI 5

V protisvetle (z nás) ako sa ponára dom do súmraku.
Bez cesty bez záhrady bez tesnej brány.
Tvoje vlasy bledé kovové steblá.
Hovoríš; zhasni
Úder viečka o moje čelo.
Cez prižmúrené oči ťa vidím obchádzať
Múry záhrady presklenené veže. Vo vitríne času nehlučne sa klzajú
Limuzíny: telá odovzdané rituálnemu spánku.
Potom sneh v hmle.
Potom Tvoj biely chrbát ku ktorému sa dôverne priviniem.
Potom nechať všetko tak nech plynie.
V izbe ktorú sme nemali nikdy opustiť.

    január 2007

DORMI 5

In the counterlight (from us) as the house sinks into dusk.
Without roads without gardens without strait gates.
Your hair is pale metallic straw.
You speak; quench the light
The beating of the eyelid on my forehead.
Through narrowed eyes I see you pass by
The garden walls of the glass tower. In the display case of time limousines
Silently glide: bodies delivered to ritual sleep.
Then snow in the fog.
Then Your white back to which I snuggle.
Then leaving everything so that it passes.
In the room we should never have left.

    January 2007

DORMI 6

Weißensee
Otvorená kovová brána. Zatúlaná zver hľadá mne určenú zimu.
Holandskí korčuliari v otvorenej elipse Bieleho jazera.
Pozoruješ hrubý ľad
S ostrou stopou. Pri bozku si poraníme ústa.
Opúšťame vlastné teritóriá. Mizneme v rastúcej jazve.
Precízny a preto nepresný
Opis. Tvár pod ľadom stemnie keď na ňu položím ruky.
Bolíš keď si sen.

DORMI 6

Weissensee
An open metal gate. Stray animals seek a winter meant for me.
Dutch skaters on the White Lakes' open ellipse.
You observe the rough ice
With its sharp track. We wound our mouths with kissing.
We abandon our own territories. We vanish in the growing scar.
A precise and therefore inaccurate
Description. Under the ice your face darkens when I take it in my hands.
You hurt when you're a dream.

DORMI 7

Niekedy som odišla; priblížením bol svet pod pokožkou:
V chladnej izbe cesty vypätej duchovnosti; ty hovoríš
Ja počúvam; v slove je všetko; teraz si slovom;
Raz si ma po milovaní ktoré už nemôžeme prekročiť
Skoro ním zabil; ostrihala som si pred tebou vtedy vlasy celkom
Nakrátko; čas nikdy nezomrie prečítala som si potom; moje vlasy
Rastú k tebe; všetko je neisté a to ma upokojuje; nemala by som
Žiť takto keď
Chcem dokončiť sen (povedal si: myslíš že ťa
S krátkymi vlasmi už tak nemilujem?)

    april 2007

DORMI 7

Sometimes I left; drawing close, the world was under my skin:
In the cold room the ways of a fraught spirituality; you speak
I listen; everything is in a word; now you're a word;
Once in an act of love which we couldn't surpass
You almost killed me with the word; then I cut my hair in front of you
Completely short; time never dies I read afterwards; my hair
Grows to you; everything is uncertain and this calms me; I shouldn't have
Lived like this when
I want to complete the dream (you said: do you think
I don't love you with short hair?)

    April 2007

DORMI 8

Zaspala som ti na ústach súhlasil si. teraz to bude skutočné
Keď to napíšem; stal si sa mojim slovom; je naozaj možný len
Takýto svet; tento jeden možný život; aká je vnútorne čistá
Odpoveď; nemôžem prestať milovať; potrebovala by som
Quiet change svojho Genotextu
V našej rodine je milovať viac ako byť milovaný
Alebo už nepísať.

   (ešte *stále apríl najkrutejší mesiac 2007*)

DORMI 8

I fell asleep on your mouth you agreed. now it will be real
When I write it; you've become my word; such a world is really
Only possible; this one possible life; what is the inwardly pure
Answer; I can't stop loving; I would need
A quiet change in my Genotext
In our family, to love is more than to be loved
Or to write no longer.

   (Again *April is the cruellest month*)

DORMI 9

Zjavenie v nádhernej záhrade kde všetko zodpovedá
Predstave; červené a biele kvety; dula a jablone
Symbióza neexistujúceho s tušeným v následnosti
A hierarchii pamäti Si na prvom mieste
Čokoľvek ti poviem bude logikou srdca (*raison de coeur*)
Dôkazom zjemnenej skúsenosti.
Byť dvaja.
Medzi.

DORMI 9

Apparition in a beautiful garden where everything answers
Expectation; red and white flowers; quince and apple trees
Symbiosis non-existent with no intimation of consequence
And hierarchy recalls Thou Art in the first place
Anything I say will be the logic of the heart (*raison de coeur*)
With proof of sublime experience.
Being two.
Between.

THE DISAPPEARANCE OF ANGELS
MIZNUTIE ANJELOV

* * *

Akoby
ilúzia a mlčanie a náhoda stali sa Telom si tá ktorá sa pozerá späť

Akoby nekonečná kamera filmovala nekonečný Priestor
a tam kde nekončíme
by vznikala tvár bezo mňa v hlbokej (hnedožltej) tráve
Odpočúvanej zimy

   10.12. 2007

* * *

As if
illusion and silence and chance became Body you are the one who looks back

As if an infinite camera filmed an infinite Space
and there where we don't finish
a face without me would come into being in the deep (brown-yellow) grass
of a Winter overheard

10.12.2007

BEZ

Miznutie: zimný anjel
v trúfalých možnostiach
vlastného neba: pomalý dar
pozornosť vznešené plynutie
toho najobyčajnejšieho dňa

Srdce ide proti mne

Vina a odpustenie sa nás Nedotkli
Zmilovanie nás presahuje

Ústa snehu nečakane
Otvárajú novú krajinu

 30.12.2007 *predposledný večer*
 roka mama bez teba

WITHOUT

disappearance: the winter angel
in the daring possibilities
of its own heaven: a slow gift
of attention sublime consequence
of this most ordinary day

My heart goes against me

Guilt and forgiveness have not touched us
Mercy surpasses us

A mouth of snow unexpectedly
Opens a new landscape

>   30.12.2007 *the last but one evening*
> *of the year mama without you*

* * *

Vziať reč. Mlčanie. Polosvit roztvorenej oblohy: Pytagoras
(za zástenou): príkaz je
vytrvať a čakať na hrane: na ostrej hrane zdanlivo poddajnej
hmly nevidím ale sa to deje:
postupnosť tieňov padá na blízky pahorok: studený hlas

Kam ideš?

* * *

To take hold of speech. Silence. Halflight of an unfolding sky: Pythagoras
(behind a screen): the command is
to endure and wait at the edge: I can't see at the sharp edge of the seemingly yielding fog but it's happening:
the sequence of shadows falls on a nearby hillside: a cold voice

Where are you going?

LEVITÁCIA

Vidím to okolo: sekundy Predĺžený raster
Čas akoby postavený proti rýchlosti svetla: nočné zábery
prázdne letiská autá vlaky
Lucidné priestory večnej premávky

dityramb

Tvár spiaceho čínskeho dieťaťa ako v sebe mlčky
uzavretá planéta putujúca
a vzďaľujúca sa vo Vesmíre –

LEVITATION

I see it round: seconds an Extended grid
Time as if set against the speed of light: night shots
an empty airport cars trains
Lucid spaces of eternal traffic

dithyramb

The face of a sleeping Chinese child silent in itself
a closed planet journeying
and lingering in the Universe –

NEHA DIALKY JE NEPRIESTRELNÁ

(Narodí sa malá biela nosorožka v zoologickej záhrade)

Prvá krajina: Vodopád naladený ladičkou (prúd sna)

Druhá krajina: Ženy v slnečnom daždi (naveky dievčatká)

Tretia krajina: Voliéra s hyacintovým papagájom (náhrada raja)

Štvrtá krajina: Kto sme my dve (kto si nás sem spolu zavolal?)

   (*Dcére Elvíre ZOO Viedeň máj 2008*)

THE TENDERNESS OF DISTANCE IS BULLETPROOF

(A small white rhinoceros is born in the zoo)

First landscape: A waterfall tuned by a pitch pipe (dream current)

Second country: Women in sunlit rain (girls eternally)

Third country: An aviary with a hyacinth parrot (substitute paradise)

Fourth landscape: Who are we two (who called us here together?)

(to my daughter Elvira ZOO Vienna May 2008)

EXTÁZA

Neodvolateľné ťažké ruže raja
K tisíclistej sa pohybuješ

V olovenej hmle
Po členky po kolená
Po ústa

Ako sa objať na konci neviditeľného
ramena?

ECSTASY

Irrevocable heavy roses of paradise
You move to the thousand-petalled

In a leaden mist
To ankles to knees
To mouth

How to embrace oneself at the end of an invisible
arm?

* * *

Nezabudni na nás na tej ceste hovoria
    Budeš vysoko ďaleko
        Másvilágos

… len som sa obrátila tvárou inde
        odpovie…

Všetko je jeden vysoký a neznesiteľný hlas

* * *

Don't forget us on this journey they say
    You'll be far up
        Másvilágos

… I only turned my face elsewhere
        she answers…

Everything is just one high and intolerable voice

* * *

… chcem aby si vedel že si milovaný
a nie si sám: plynutie: krása intervalových
vzťahov: zaviaž mi oči plávaj so mnou
v tom istom jazere (nech je spoločný úzky čln)

Nedovoľ času prestať dýchať   Keď
kobaltový mesiac   a   svetlom roztlmená rieka
zovrie /zavrie sa vo mne srdce: čo milujem mám
nechať voľne plynúť Ak sa ku mne (znova) vráti
bude mi patriť navždy Nič neumiera
                Len na chvíľu   A znovu sa objaví
… akoby teplo bolo iba z príprav… na spánok
                            na zimu…

* * *

… I want you to know that you are beloved
 and you're not alone: flowing: the beauty of the interval
between two: bind my eyes swim with me
in this same lake (let it be a mutual narrow boat)

Do not let time stop breathing when
the cobalt moon   and   the quietened river
clasp / close my heart with light: what I love I have
to let flow freely If he (again) returns to me
he will belong to me forever   Nothing dies
            Only for a moment   And it again appears
… as if warm only from preparation… for sleep
                                    for winter…

FRAGMENTY JEDNEJ REČI LÁSKY

Fragmenty jednej reči lásky
cez priezor zvinutej izby
mliečne sklo, mušelín záhyb
nežného pohybu (bolestivý) ty
ako ideš cez prah cez stenu svetla
cez dvere a okná; mliečne sklo
s gravúrou nechtov (chrbát)
dejiny všetkých našich (mojich)
zachovaných pokožiek lásky
vertikálny palimpsest; smrteľné
hovorenie
                                            cez

neha je slovom od Boha

FRAGMENTS OF THE ONE LANGUAGE OF LOVE

Fragments of the one language of love
through a vizor of an entwined room
milky glass, muslin fold
of tender movement (painful) thou
as you pass over the threshold through a wall of light
through door and windows; milky glass
with gravure fingernails (your back)
the history of all our (my)
preserved complexions of love
vertical palimpsest; fatal
speaking
                            through

tender is the word of God

**FRAGMENTY MIZNUTIA
JEDNEJ REČI LÁSKY**

Fragmenty miznutia jednej reči lásky
čítam a zároveň píšem nevnímam
ako miznú dni; v spätnej slučke času
len noci dni; raňajky obedy večera
a kdesi jeden krátky deň šťastia so
siedmimi prameňmi (preskočím dva)
chodník cez les s očami stáda chladno
krvných koní; palicou vo forme hada
skúmaš hadí chodník; na konci cesty
divé cyclámeny; černice
                       dole naše spomalené
telá v matnej jazernej vode
zo severu chladný les
                z juhu nežný nov mesiaca

vo svetle augusta vidíme ako raz
prejdeme na druhý breh
cez červený plisovaný vodopád

**FRAGMENTS OF THE VANISHING
OF THE ONE LANGUAGE OF LOVE**

Fragments of the vanishing of the one language of love
I read and write at the same time don't notice
How the days vanish; in a backwards loop of time
only nights days; breakfast an afternoon meal
and somewhere or other one short day of fortune with
seven strands (I skip two)
a path through the forest with the eyes of a herd of cold
blooded horses; with a stick in the form of a snake
you check the snake path; at the end of the walk
wild cyclamens; blackberries
                        below our slow motion
bodies in the murky waters of the lake
from the north the cold forest
                from the south a tender new moon

in the August light we see how once
we go to the other bank
through a red pleated waterfall

FRAGMENTY MIZNÚCEJ
REČI TERORU DETSTVA

Fragmenty miznúcej reči teroru detstva
Prechádza sa v letnom zvonivom oblečení
v záhrade medzi stromami v škvrne slnka stojí
mladší muž; obzrie sa (k nemu)
nepohne sa (nikdy predtým ho nevidela
nikdy viac ho neuvidí) odohráva sa to
v cudzom letovisku (Otec sa večer vždy vrátil
po chýbajúcom dni.) Často už spala a snívalo
sa jej že sa vrátil. A teraz na tom cudzom mieste.
Čosi sa stratilo na čo vždy čakáte.

Sklo cesty rozbité (biela asfaltová rieka…)

**FRAGMENTS OF THE VANISHING
SPEECH OF CHILDHOOD TERROR**

Fragments of the vanishing speech of childhood terror
she goes out in a sparkling summer ringing dress
in the garden between the trees she stands in a patch of sun
a younger man; she gazes (at him)
she doesn't move (she's never seen him before
she'll never see him again) it plays out
in a foreign resort (Father always came back in the evening
after missing the day.) Often she slept and dreamed
he'd return. And now in this strange place.
Something was lost that you always wait for.

Glass roads broken (a white asphalt river…)

**FRAGMENTY MIZNÚCEHO
TERORU DETSTVA (REČI)**

Fragmenty miznúceho teroru detstva (reči)
Žena ktorú poznáš. Krajina v dennom
svetle. Tie nočné sny (ľahké nočné mory)
už nechceš. Len tie svetlá. Keď si sa vrátila
z detského do nechceného sveta. Porcelán
a politúra (pretretá kyanidovou vôňou
marhuľových semien). Vždy zo sna len
krátko zobudená: »Kde si zase bola? Hol
voltál?« Povieš len. Tam. Tu. Doma. Kým
v lese smútili za tebou   maliny
z kože zvlečené mladé hady   drobné kuny.

               Ako za úteky prestať trestať?

**FRAGMENTS OF A VANISHING
CHILDHOOD TERROR (SPEECH)**

Fragments of a vanishing childhood terror (speech)
A woman you know. The landscape in day
light. These nocturnal dreams (painless nightmares)
you no longer want. Only these lights. When you returned
from childhood into an undesired world. Porcelain
and polish (coated with the cyanide scent
of apricot seeds). From a dream she always only
wakes briefly, "Where were you again? Hol
voltál?" You just say. There. Here. At home. While
in the woods they mourned for you   raspberries
their skins shed young snakes   little pine martens.

        How to stop punishing for running away?

REČ Z MIZNÚCICH
FRAGMENTOV TERORU JEDNEJ LÁSKY

Reč z miznúcich fragmentov teroru jednej lásky
Ako štrk. Piesok. Kameň. Kies. Sand. Stein.
Kráčaš holými nohami… suché dno rieky…
chodba; kláštor-labyrint (úzke obdĺžniky
bylín v múrom ohraničenej horúcej záhrade)
opakuješ opakované (položiť semeno do zeme,
rásť, polievať, vziať)
Vystúpiš z času sklenených dverí; nemáš čas
(na lásku)

Ako to napísať? Ako je to byť prahom
otvorených dverí?

Zrkadlo naša prvá detská spomienka .
Ísť. Približovať sa k rovnakému.
(Ty si. Te vagy. Povedia dva miznúce
vždy prítomné tiene.) Sme. Len.

**SPEECH FROM THE VANISHING
FRAGMENTS OF THE TERROR OF ONE LOVE**

The speech of the vanishing fragments of the terror of one love
Like gravel. Sand. Stone. Kies. Sand. Stein.
You walk in bare feet… the dry bottom of the river…
corridor; monastery-labyrinth (narrow rectangles
of herbs in the walls of the bordered hot garden)
you repeat repeatedly (put the seed in the ground,
grow, water, pick)
You emerge from the time of the glass door; you don't have time
(for love)

How to write it ? How is it to be the threshhold
of an open door?

The mirror our first childhood memory.
Going. Approaching likeness.
(You are. Te vagy. They say two vanishing
always present shadows.) We are. Only.

TERČ PASCE REČI TERORU DETSTVA

Terč pasce reči teroru detstva
Nikdy sa nepomýliť; nikdy
nezačať prestať; zelená krížová
cesta cez lúky (z kopca Kalvárie
sa na bicykli spúšťať padať do
škvary na dlane na kolená)
prať krv z už
bieleho čistého (ako teta Jozefa
perie na dvore v koryte) organtín
zásteriek, blúzok, šiat, marivo
čipiek (ich stuha v bielizníku)
          na múre chvost
jašterice dorastá k jazyku detstva
          teraz

Píšem *v jazyku* otca (sveta)

   12.8.2008

TARGET OF A SPEECH TRAP
FOR CHILDHOOD TERROR

Target of a speech trap for childhood terror
Never to be mistaken; never
to begin stopping; a green crossing
way through meadows (from Kalvaria hill
riding a bicycle to fall on to
cinders on one's hands and knees)
washing blood from already
clean white (as Aunt Josie
washes in the trough in the yard) organdie
aprons, blouses, skirts, illusions
of lace (their ribbons in linen)
                on the wall the tail
of a lizard growing into the language of childhood
            now

I write *in the language* of my father (of the world)

    12.8.2008

* * *

Ako si zvykám
Ako objímam tvoju neprítomnosť
Čo raz bolo skutočné je (znova) možné

      hľadáme sa a milujeme na všetkých možných miestach

Na chvíľu sa nedotýkaš zeme Akoby si nebol
Zakryješ telom slnko   sprisahané nebo
          skok (tvoj)
                 Levitácie živých
Porovnanie je možné len so zvieraťom

vláčny pohyb šeliem strhujúcej nevypočítateľnej
             inteligencie
                   Terra mystica

10.8. 2008 Siebenbrunn (*nad prameňom*)

***

How I get used to it
How I embrace your absence
What once was real is (again) possible

    we seek and love each other in all kinds of places

For a moment you don't touch the earth As if you were not
You cover the sun with your body   the conspiratorial sky
           a leap (yours)
                    Levitation of the living
Comparison is possible only with an animal

        the supple movement of predators thrillingly unpredictable
            intelligence
                    Terra mystica

10.8.2008 Siebenbrunn (*above the spring*)

PIANO NOBILE

miznutie: prázdny stred domu
len klavír (akoby sám hral)
bola som s tebou skôr ako dych
v detskej izbe

dievčatká a chlapci si premiestňujú
v dome nemilovaný nábytok

zachráni ich jediná skutočne
vlastná myšlienka

na prázdny stred

domu siahajúci za okraj
nekonečnej izby
(sama sa v nej prikryjem)
dekou ktorou si ma prikryl

nedovoľ mi nemilovať

   (*Tebe* 8.2.2008)

nie nie nie

PIANO NOBILE

vanishing: the vacant centre of the house
only a piano (as if it played itself)
I was with you before like a breath
in the nursery

girls and boys in the house
shift the unloved furniture

a single thought of their own
truly saves them
in the vacant centre

of a house reaching beyond the edge
of an infinite room
(alone I cover myself)
with the blanket with which you covered me

don't let me not love

   (*To you* 8.2.2008)

No no no

PRIESVITNOSŤ

1

Priestory prozreteľnosti
Priestory prozreteľnosti luminiscencia vokálov
tvár medzi dvoma kameňmi (mreža kameňa)
všetky masky sú vhodné: posúvam miesto vecí
                        túžba po pohybe nepozeraj
utekaj nikto sa neobzrie (vtedy buď v jeho priestore)
Teraz ťa nemiluje nevie ťa v jeho
                        pohybe opusti ho spolu so sebou
Všetko čo nepotrebuješ opusti nebudeš
v prvom riadku viny. Tvoja pokožka zostane pod mojim
                        detstvom.

2

Túžba objať ho
Túžba objať ho Lebo je zlý
stojí na pohyblivom moste cez Gail
pozeráme na pás bielej hmly nad temnosivou hladinou
rozdelené splývajúce vrstvy ako neskorý Rothko

Riverbed Bachbett

aké nádherné slová pre dno potoka: posteľ rieky
naša vyschnutá posteľ potoka dýchaj

                      tam dýchaj hlboko na dne potoka
Príď ku mne kde presne sa práve nachádzaš milovať sa
tvoj smiech ako arkády odpustím
                      ti zlé slová. Preto.
Lebo láska trvá až do vyčerpania bolesti.
A pod chladným privretým okom rieky je:
to tvoje poloprivreté zelené a odplynie.

TRANSLUCENCY

1

Spaces of providence
Spaces of providence luminescence of vowels
a face between two stones (grille of stone)
all masks are suitable: I shift the place of things
                  a desire for movement don't look
escape no-one is checking back (then be in his space)
Now he doesn't love you doesn't know you in his
                  move forsake him with yourself
Everything you don't need forsake you won't be
in the first line of guilt. Your skin will remain under my
                  childhood.

2

The desire to embrace him
The desire to embrace him Because he's bad
he stands on a moving bridge over Gail
we look at the belt of white mist above the dark grey surface
divided merging layers like a late Rothko

Riverbed Bachbett

what wonderful words for the bottom of the brook: the bed of the river
our dry bed of a brook breathe

        there breathe deeply down at the bottom of the brook
Come to me exactly where you are right to be found to make love
your laugh like arcades I forgive
                  you the angry words. For that.
For love lasts until pain is spent.
And beneath the cold narrowed eye of the river is:
your half-closed green and flowing away.

3

Lebo
Lebo ešte žijeme v tomto rozvrátenom svete
v bezhraničnej zime. nekončí sa a nikdy nezačína,
ale možno ako predtým, keď sme sa milovali zasvieti okno.
a v okne sa mihne hlava jeleňa hľadajúceho svoju jeleniu laň,
ktorú sme zabili keď sa nečakane vynorila z hmly v priekope
zasvietila ako biela žiara na ceste, potom len tupý úder a pád.
späť do priekopy, ani si mi nedovolil pozrieť sa na ňu.
predstavujem si ju ako ležala v lesku podvečerného svetla
na bielom snehu, bez kvapky krvi. povedal si. bez kvapky krvi.
jestvuje jediný múr, ktorý ma od nej oddelil, jediná záhrada,
do ktorej vždy príde, presná krivka jej pádu zodpovedá našim
srdciam, tak veľmi sme sa nepoznali, vždy bude zľahka kráčať
k záhrade, k tej záhrade v ktorej čakám, zakutraná do svojho
smútku z dvojnásobnej straty, bol tretí január, večer pol šiestej,
mohli sme neprísť na toto stretnutie? kto ma (nás) vyslobodí
z toho okamihu, mala som zomrieť ja, vrhla sa k oknu na mojej
strane, čo to malo znamenať? vlčie trávy hlboko dýchajúce
pod snehom, kto nás tam poslal práve vtedy keď chcela prejsť cez
cestu, ktorú ona a jej predkovia poznali veky. naproti ceste zrútená
šopa. zlomená ohrada, detská úzkosť a smútok.

3

Because
Because we still live in this world torn apart
a limitless winter, neither beginning nor ending.
but perhaps as before, when we make love the window illuminates.
and in the window a stag's head flashes in search of the doe
we killed when she unexpectedly emerged from the mist in a ditch
a shining white glow on the road, then a dull thud and crash.
back into the ditch, nor would you let me look at her.
I imagine her lying in the glitter of the early evening light
in the white snow, without a drop of blood, you said, without a drop of blood.
there is a single wall that separated me from her, a single garden,
to which she always comes, the exact curve of her fall answers to our
hearts, we didn't know each other so much, will always walk lightly
to the garden, the garden in which I wait, coiling into my
sorrow for the double loss, the third of January, half past five in the evening,
couldn't we have not come to this meeting? Who delivered me (us)
from that moment, I should have died myself, she rushed to the window on my
side, what was it supposed to mean? wolf grass deep breathing
under the snow, who sent us exactly there when she wished to cross
the road which she and her ancestors had known through the ages.
across the road a caved-in shed. broken fence, children's anxiety and sadness.

4

Duša vie že je zraniteľná
Duša vie že je zraniteľná.
v tej zimnej pustatine bola jej srsť
na boku biela a žiarivá.
len niekoľko odtlačkov kopýt.
rovnako svetlé sme boli obidve.
dlho som objímala strom.
chcela som povedať: som unavená
som na smrť ustatá zo smrti neznámeho
zvieraťa, znehybnela som
a láska bola nepoznateľná.

5

Som biela hmla
Som biela hmla napĺňajúca údolie.
blúdiace temné zviera, plačem aby už nikto nezomrel.
nepotrebujem odvahu k smrti ale k životu.

aby sme predišli nedorozumeniu.
tu je príčina, jeden muž prestal vnímať jednu ženu.
ty mňa. ako sa to stalo opýtam sa.
nezadržateľne sme sa začali meniť, jeden na druhého.
jeden do druhého, už som nevedela
či milujem ja alebo ty. ruky ktoré ma objímali boli (jeho)
moje. ruky ktorými som ho objímala
boli (moje) jeho. aj ústa. aj úsmev, aj podoba, aj spánok.
aj láska, aj nenávisť za to že sa vieme.
poznáme, aj za to že sa ne-vieme ne-poznáme a nie sme takí
akí sme chceli byť jeden pre druhého
od začiatku mystickí Anjeli, hostia
nevedome privítaní v dome a tretí Anjel
držal nad nami kamennú oblohu.

4

The soul knows it is vulnerable
The soul knows it is vulnerable.
in that winter wilderness it was her coat
on her side white and radiant.
Only a few impressions from hooves.
we were both similarly pale.
for a long time I clasped a tree.
I wanted to say: I'm tired
I am weary to death from the death of an unknown
animal, I was scared stiff
and love was unrecognizable.

5

I am white fog
I am white fog filling a valley.
A dark stray animal I weep so that no-one should die.
I don't need the courage to die, but to live.

so we don't foresee misunderstanding.
There is a reason, a man stopped perceiving a woman.
you me. How did it happen I ask.
uncontrollably, we have begun to change, one in the other.
one into the other, I didn't know
whether I have loved or you. the hands which have embraced me are (his)
mine. the hands with which I've embraced him
are (mine) his. and mouth. and smile. and shape. and sleep.
and love. and hate for what we knew.
we know, too, from this we can't not know and we aren't as
we've wanted to be there for one another
from the beginning mystical Angels, guests
unknowingly welcome in the house and the third Angel
has held a stony sky above us.

6

Položiť *na správne* miesto
Položiť na správne miesto, premenné hviezdy, dvojhviezda.
rádius, stále slabo žiariaci prstenec, osamotenosť, (kúpim si
hvezdársky ďalekohľad?) cúvanie a stiahnutie sa do seba.
výkriky a hrozby a skoky z okna ktoré nebolo nebezpečné
výškou ale otvorením, a prázdnotou, podmienky, každý
sám a spolu.

7

Tvoja duša čistá kocka ľadu
Tvoja duša čistá kocka ľadu (hudba) nesúlad v odriekaní:
zriekaš sa (ma) mierne naklonený:
tak kráčaš vo mne: zatváram sa
aby zúfalstvo nemalo kade vstúpiť:
všetko to mohlo byť iné?

Rovnaké?

8

Som tu znova
Som tu znova prišla som k tebe v odliatku
dennej nepriesvitnej námesačnosti. Spať s tebou schúlená za
bielym chrbtom. Zobudiť sa do chladného rána a nepoznať
nič krajšie ako ten pocit okamihu ochrany
medzi dvomi prázdnotami.

6

Putting *in the correct* place
Putting in the correct place, the variable stars, the twin-star.
a radius, still weakly glowing ring, solitude, (shall I buy
an astronomical telescope?) receding and contracting into oneself.
shrieks and threats and leaps from a window that wasn't dangerous
from its height, but from its openness and emptiness, the conditions, everyone
alone and together

7

Your soul a pure ice cube
Your soul a pure ice cube (music) dissonance in self-denial:
you renounce (me) mildly inclined:
so you walk in me: I close up
so that despair can't come out anywhere:
could it all have been different?

The same?

8

I've come here again
I've come here again to you in the mould
of daily untranslucent sleep-walking. Sleeping with you cuddled
up to a white back. Waking to a cold morning and knowing
nothing more lovely than the feeling of a moment of protection
between two vacancies.

9

Nemôžu sa prestať milovať
Nemôžu sa prestať milovať. Dve z mnohých matiek
večne krúžia okolo a ťahajú ich do priepasti. Otvorí sa rana.
Vtiahnú ju do seba. Posielajú si signály ticho pradúce
v telefónoch. Blízkosť bez tváre.
Zafírová priepasť sa zaviera. V každej dlani majú oko.
Striehnu na tvár prudko letiaceho Anjela.
V intimite obnažených zvukov.

10

Vytrvalé premenlivé povrchy
Vytrvalé premenlivé povrchy presvitajú cez poslednú pokožku.
meravá zver odtláča svoje stopy: láska sa nemusí
podobať na lásku. Položí nás v hierarchii na správne miesto.
Oko skrytej mriežky siete ju zachytí: utrpenie vzniká oddelením:
bývať medzi večnými kameňmi
Skúša nás Boh len toľko koľko vydržíme?

9

They can't stop loving
They can't stop loving. Two of their many mothers
eternally circle around and drag them into the abyss. A wound opens.
They suck her in. They send signals quietly purring
on telephones. Proximity without face.
The sapphire abyss closes. They have an eye in each palm.
They score on the face of a rapidly flying Angel.
In the intimacy of naked sounds.

10

Persistently variable surfaces
Persistently variable surfaces shine through the last skin.
Motionless animals imprint their tracks: love needn't
resemble being in love. It puts us in a hierarchy in the right place.
The eye of the hidden grid of the net captures it: suffering emerges from separation:
living among eternal stones
Is God testing us on just how much we can endure?

11

Chcela by som viac čistoty do svojho života
Chcela by som viac čistoty do svojho života
Keby si to bol povedal ty: otvoril bránu multifrénie:
strachu úzkosti. Stúpame po lístí ktoré mäkko uhýba:
podobnosť s láskou: teraz som nehybná:
čím sa zakryť: závojom: bielou plachtou:
palimpsestom: písmom: subtílnou verziou ublíženia:
slovom
alla prima (dievčatko v návratnom sne zbiera peľ iskerníkov:
cestuje poschodiami obrovských prázdnych
priestorov Prozreteľnosti: miluje sa s mužom
ktorý má pevné predlaktie so svetlými chĺpkami
a počas milovania starne)
Duša sa nemilosrdne oslobodzuje a s úľavou si
líha do smiechu muža ktorého raz uvidela.

12

Spresnenie *sna*
Spresnenie sna
Navigácia pri hľadaní grálu.
Ťažnosť: tiahlosť: súvsťažnosť.
Pohyblivé pozadie: detsky ľavorulto ma objímaš.
Oddeľuješ sa do prázdnoty predchádzajúceho:
Pre-raziť: pre-niknúť: prie-svitná:
prie-hľadná obruba: chlad: srieň.

Pred-slabika. Prekvapenie zo zdržanlivosti.

Telá (som svoje telo) sú pripravené na všetko.
Chcem žiť pri mori hovorím pri
utíšiteľnom mori.
Dve jemné biele čiary nás hodených do priestoru:
kam sa pozerám?

11

I would like more purity in my life
I would like more purity in my life
If it were you who'd said this: it opened the gate to Multiphrenia:
fear of anxiety. We go across leaves which softly yield:
a likeness to love: now I'm motionless:
with what to cover : with a veil: with a white sheet:
with palimpsest: with writing: with a subtle version of wounding:
with a word
alla prima (the girl in a recurring dream collects pollen from a buttercup:
travels through huge empty floors
the spaces of Providence: makes love with a man
with firm forearms downed with light hair
and as they make love she ages)
Pitilessly the soul liberates and with relief
lies down to the laughter of a man she once saw.

12

Focusing a *dream*
Focusing a dream
Navigation when searching for the grail.
Elasticity: tensile strength: correlation
A movable backdrop: You embrace with a left arm like a child.
You detach yourself into the void of what came before:
Pre-break through: pre-netrate: trans-lucent:
trans-searching edge: cold: hoar: frost.

Pre-syllable. Astonishment from restraint.

Bodies (I am my body) are ready for everything.
I want to live by the sea I say by
the consoling sea.
Two fine white lines of us cast into the space:
where do I look?

13

Rarum
Rarum
Prekvapenie z ne-očakávaného spojenia:
pevnina sa nepribližuje: je nezmerateľná si
nezmerateľný som nezmerateľná
Urobiť si taký priestor: obrovské prázdne
izby v dome na juhu: nábytok veľký a stratený:
veľká zavretá prázdnota, kde čas nie je dôležitý:
duch to chce zabývať
Stredomorie: prevzdušnené vznášajúce sa predmety:
toskánske dlaždice: modré: chladné
Obrátim sa k domu: zbadala som ťa stáť v okne.
Za záclonou: pozeráš ako plienim záhradu.

Prudko sa obrátim: takto ma miluješ
z tieňa ktorého pohyb ešte vlastní moje oko.
Vták preletí z jedného miesta na druhé.
Skláňam sa pred touto dokonalosťou...

U teba býva (*beherbergt*) čo je vo mne
okrem mňa.

13

Rarum
Rarum
Astonishment from an un-foreseen connection:
terra firma does not approach: it's boundless you're
boundless I'm boundless
Making such a space: immensely empty
rooms in a house in the south: the furniture large and lost:
a large closed emptiness where time is not important:
the soul wants to inhabit it
The Mediterranean: air-filled floating objects:
Tuscan tiles: blue: cool
I turn back towards the house: I've seen you standing in the window.
Behind the curtain: you watch as I plunder the garden.

I turn abruptly: you love me thus
from a shadow whose movement still belongs to my eye.
A bird flies from one place to another.
I bow before this perfection…

In you dwells (*beherbergt*) what is in me
except me.

14

Znova Angelus novus
Znova Angelus novus pretelesnenie: len žasneš
keď sa to deje v tvojej blízkosti: vznikne udeje sa
náčrt samostatného bytia: obrys tváre dozrievajúcej znútra.
S našim krvným obehom. V únave? práve som sa dotkla.

Ako nás to oddeľuje. A spája.

V kupole chrámu San Vitale Ravenna
kde na mozaike bez toho aby vedeli
pohostili anjelov
Hagia trias

Poviem ti to. Stále je to tam.
        Venujem Ti to. Venujem to čo nevlastním.

Subtílnu víziu (sveta) (lásky)

14

Again Angelus novus
Again Angelus novus re-embodying: you can only wonder
when it happens close to you: an independent being
happens to emerge: the outline of a face maturing from within.
With our bloodstream. In exhaustion? I just touched.

How this separates us. And joins.

In the dome of San Vitale Ravenna
where on the mosaic without knowing it
the angels were feasted
Hagia trias

I tell you this. It's still there.
    I dedicate this to Thee. I dedicate what I do not own.

Subtle vision (of the world) (of love)

15

Nikdy nedostanem *čo som vzala*
Nikdy nedostanem čo som vzala v tajnom atlase slov:
smery a cesty nové nebo (v hrozbe starej zeme)
v permanentnej absencii mora...
Hadovitý systém pohybu cesty: vzďaľujem sa tomu
čomu sa približujem?
Načo potom hovorím keď z cesty mám len bridlicové stopy:
odtlačky ľahko sa lámuce. Prsty čo sa pokúšali dostať cez múr.

Múr nemá dvere.

Všetko je už zapísané ty len berieš: hýbeš sa
po ne-priesvitnom papieri
tam ti všetko odovzdali: nepovedali nič.
Tak žiješ v srdci svetla. Pokúšaš sa odovzdávať:
niekedy to vyzerá ako šťastie.

16

Dve polovice *hniezda*
Dve polovice hniezda ktoré spájam.
Práve sa vzdávaš: akoby som ti to všetko obetovala:
svoju nedokončenú záhradu: dýchanie odovzdaných zvierat
biele nábytky (písací stôl) príbory zo striebra tenký
porcelán v príborníku: počítam ďalej: čo ešte je moja polovica?
Ty dávaš svoje maľby: myšlienku bez viny: dno potoka
zabitú laň: mňa
Zostáva: vlak na stanici: jedlo v ústach:
dva domy
v jednom ty:
v druhom ja

19.1.2007

15

I *never* receive *what I've taken*
I never receive what I've taken in the secret atlas of words:
directions and paths a new heaven (in the threat of an old earth)
in the permanent absence of the sea…
A sinuous system of the movements of the path: do I distance
what I approach?
So I'm talking when I have only slate tracks from the path:
imprints crack easily. Fingers tried to get through a wall.

The wall has no doors.

You just take everything already written down: you move
over the non-transparent paper
where they delivered everything to you. They said nothing.
So you live in the heart of light. You try to submit:
sometimes it looks like happiness.

16

Two halves of *a nest*
Two halves of a nest that I connect.
You just give up: as if I'd sacrifice everything to you:
my unfinished garden: the breath of devoted animals
white furniture (a writing desk) silver cutlery delicate
porcelain in the dresser: I keep counting: what's left of my half?
You give your paintings: an idea without guilt: the bed of the stream
the killed doe: me
There is left: a train in the station: food in the mouth:
two houses
in one you:
in the other me

19.1.2007

17

Železný vejár
Železný vejár, čas v jeho záhyboch sa otvára:
nie som teraz o nič staršia ako vlani:
milovať a oddeliť sa: ohroziť všetky blízke vzťahy:
ako sa pred 9 rokmi k sebe nakláňame: oslovíš ma.
Doteraz začarovaná v tom pohybe.

Posielam ti fotku kde som dvadsaťročná
s očami ako kocúr ktorého držím
v ruke pri drevenom plote záhrady.
Zaklínam tým do jedného celku čas
tvoj pohľad moje oči teba mňa kocúra
a záhradu.

18

Mystické hniezdo
Mystické hniezdo mapy: okraje skrútených listov
z rajskej záhrady: zachrániť hniezdo ktoré
nás chráni: kedy mi uveríš?
Lebo mi nerozumieš.
Hovorím(e) v extrémnej nenávisti
Nie je také množstvo slov ktoré by
stačilo na ospravedlnenie.

Ale Boh nás chce. Spolu.
Ako odpustenie.

6.5.2007

17

An iron fan
An iron fan, time in its folds opens:
I'm now no older than last year:
loving and separating: menacing all close relationships:
like 9 years before we lean towards each other: you address me.
Until now I'm spellbound in this movement.

I send you a photo where I'm twenty years old
with eyes like the tomcat I hold
in my hand by the garden's wooden fence.
I conjure this into a single whole of time
your look my eyes you me the tomcat
and the garden.

18

Mystical nest
Mystical nest of a map: the edges of twisted leaves
from the garden of paradise: saving the nest which
protects us: when will you believe me?
Because you don't understand me.
I (we) speak in extreme hatred
There aren't so many words that would
suffice for an apology.

But God wants us. Together.
Like forgiveness.

6.5.2007

PLANT ROOM 1

Pripravujem si šípy na nízke terče

Rastlín rozmiestnených (tvoja náhla neprítomnosť)
Pozdĺž nízkeho horizontu (stretávala som ťa všade)
Už sa chystám natiahnuť luk (rovnako prudko ako prvýkrát)
Keď sa horizont zdvihne (odmietnuť zrieknuť sa)
A prenesie terče vyššie bližšie (zaspíme s tvárou na pohlaví)
Rastliny rastú dotýkajú sa (niekedy v noci vyjdeme von spolu)
Začínajú vytvárať klenbu (vrátime sa k svojim telám)
A prikrývajú terče (žila na spánku mu pulzuje tvár temnie)
Už nikdy nevystrelí (kosti lebky sa vytvárajú predo mnou)
Letná lukostrelkyňa (duch s novou formou)
Leží spolu so mnou (muž je najkrajší tesne po milovaní)

Všade ticho len Boh dýcha. V izbe plnej rastlín. Zbavených bolesti.

PLANT ROOM 1

I prepare my arrows for low-lying targets.

For the positioning of the plants (your sudden absence)
Along a low horizon (I met you everywhere)
I'm preparing to draw the bow (as abruptly as the first time)
When the horizon rises (refuse to renounce)
And move the targets higher closer (we fall asleep with our face on our sex)
The plants grow touch (sometimes at night we go outside together)
They begin to form a vault (we return to our bodies)
And they cover the targets (a vein in his temple pulses his face darkens)
She will never shoot again (skull bones are created in front of me)
Summer archer (spirit with new form)
He lies with me (a man is most beautiful just after making love)

Everywhere is silent God alone breathes. In the room full of plants. Deprived of pain.

PLANT ROOM II

Uspávanka divých zvierat (srny sa nikdy nedajú celkom skrotiť)
V jednosmernej pasci zavretej záhrady (reči)
vytrvalý a nebezpečný dážď
Slová prichádzajúce v opačnom poradí (sublimácia abecedy)
           Teraz sa obráti páska s mojim hlasom v absolútnom
Tichu nahrávanie ticha (srny sa obrátia a zastanú
v presne určenej vzdialenosti)
V zóne tieňa (je tu ešte miesto odkiaľ nás nemôžu vidieť)
A chladnokrvne zabiť?

PLANT ROOM II

The cradlesong of wild animals (roe deer are never to be wholly tamed)
In a one-way trap of a closed garden (speech)
a persistent and dangerous rain
Words coming in reverse order (sublimation of the alphabet)
            Now the tape of my voice turns in an absolute
Silent recording of silence (the roe deer turn and stand
at a precisely determined distance)
In the shadow zone (is there still a place from which they can't see us)
And to kill in cold-blood?

PLANT ROOM III

Je dobré s tebou oddýchnuť si od bytia
odtrhnúť sa od útokov duše.

Smrť nie je. Si len ty.
Čo je pre mňa ešte ničím
Je pre teba už všetko.

Z ľadu vytrhnutý obraz:
Nadýchať tam tvár.
Ľad. Mráz.
Srieň.
Ruža.

PLANT ROOM III

    It is good to relax with you from being
      torn away from assaults on the soul.

     Death is not.   There's only you.
    What for me is   still nothing
Is for you   already everything.

      An image torn from the ice:
        Breathing a face there.
           Ice. Rime.
          Hoarfrost.
            Rose.

PLANT ROOM IV

A zastaneš vo dverách

vo vlhkom studenom lete

teraz mesiac ubúda

vždy znova nezadržateľne

v zdanlivej prítomnosti ubúdania

keď naraz pozeráme dvoma smermi

ja k tebe a ty ku mne: v zrkadliacich neurónoch

cez veľkú priečnu brázdu centra zraku

sa nielen uvidíme ale aj znovuspoznáme

v poslednej inkarnácii záhadnej priepasti

a ty zostaneš v navrstvených bielych plachtách bielizníka

už nikdy tam nebude poriadok

PLANT ROOM IV

And you'll be in the door

in humid cold summer

now the moon is waning

once more always inexorable

in the seeming presence of waning

when we look at two directions at once

I at you and you at me: in the mirroring of neurones

through a large transverse groove in the centre of vision

we'll not only see but also come to know again

in the last incarnation of the enigmatic gulf

and you'll remain in the piled white sheets of linen

it'll never be tidy there anymore

PLANT ROOM V

Najvzdialenejšia obnažená hviezda bez oblakov plynu a prachu
s ľadovou korónou tesne pred zánikom vyžiari ešte svetlo
(ráta s tebou rátaš s ním až kým nepríde k tebe) muž ponúkajúci
svoj život ako hvezdáreň s teleskopmi ďalekohľadmi s posuvnou
hviezdnou oblohou (s tebou a pre teba) s áriami a prístrojmi
na meranie akustickej rezonancie (všetko je čistá veža vedomia)

Keby som chcela bolo by okno hocikde vyklonila by so sa z neho
k zraneným obnaženým hviezdam zobudila by som sa do zrkadla
ktoré nič neudrží a muž by sa navždy usmial sotva badateľným
pohybom by ma pozval: oslovil ma menom hviezdy menom sna
čo by som (vtedy) (TERAZ) robila?

PLANT ROOM V

The furthest naked star without clouds of gas and dust
with an ice corona close to extinction still radiates light
(He counts on you, you on him until he no longer comes to you) a man
offering his life as an observatory with telescopic binoculars with a sliding
starry sky (with you and for you) with arias and instruments
to measure acoustic resonance (everything is a pure tower of consciousness)

If I wanted, I would have leaned out of a window anywhere
to the wounded naked stars I woke up to the mirror which would
hold nothing and the man would smile forever with a barely noticeable
movement he'd invite me: he'd call me with the name of a star name of a dream
what would I (have then done) (NOW do)?

PLANT ROOM VI

Dívajte sa dobre lebo zanedlho všetko zmizne.
                                                    Paul Cézanne

v tomto odtrhnutom a darovanom kvete
v rastlinnej záhrade: osrienená slivka
dýchanie hrozna: ľahunké úponky stínajú svetlo
pre seba (tuhý nevedomý boj koreňov) na oblohe
      biela zrazená čiara pravidelný hukot
      lietadiel v noci prerušované blikanie hviezdna
      záhrada rastúca v tieňoch sna moja kóta 66,
      dnes o pol deviatej prvého septembra
rozmaznávam tento večer rozťahujúci slivkovo
modrú až po vonkajšie sklo okna pod ktorým
praskajú rozviate semená letničiek: som vo svojom
kruhu za mnou suchý august /// akoby napnutý luk
      s leskom výstrelu /// ó poraď si s tým
      keď klesá hladina spodnej vody a tvoje rastliny
      v nepohnutom ráne trvajú: stalaktity v jaskynnej
      záhrade /// neskoré šťastie z dýchania
          (všetko môže kedykoľvek zaniknúť)

PLANT ROOM VI

Take a good look because everything soon disappears.
                                        PAUL CÉZANNE

in this torn up and given flower
in a vegetable garden: hoar-frosted plum
breathing grapes: the feathery tendrils slice the light
for themselves (a tough unconscious struggle of roots) in the sky
      a white shrunken line a regular hum
        aircraft at night intermittent flickering starlike
        garden growing in the shadows of dreams my spot height 66,
        today at half past eight first of September
I indulge this evening stretching a plum
blue up to outside the window glass below which
wind-blown seeds of annuals dehisce: I'm in my
circle behind me a parched August /// as if a bow stretched taut
      with the glitter of a shot /// Oh take counsel
        when the watertable drops and your plants endure
        in a motionless morning: stalactites in a cave
        garden /// a later happiness of breathing
            (everything can cease at any time)

PLANT ROOM VII

Vziať reč jeho snom /// priepasť pod tebou sa
   Neustále krúti /// smrteľne ohrozená snom s ktorým
      Sa zmieri v záhrade zakopaná po hrdlo v zemi
Kým nevykvitne /// neporodí ústa splnu znovu dýcha
   Pod snehom /// záhrada spomienka seba rozprávajú sa
      Akoby už neboli sami sebou len /// dvoma hlasmi
V premiestnenej izbe /// celé ticho v jednom slove
   Zavrie sa záhrada reči /// viečka sklopené pred
      Hlasom násilia /// zaklapnutý vejár zla /// triesky
Hlboko v prste: nemám rezervu čakania a tebe nepatrí
   Žiadny priestor?

PLANT ROOM VII

To take hold of the speech of his dream /// the gulf below you
    Ceaselessly twisting /// mortally threatened by a dream with which
        They are reconciled in the garden buried to the throat in the earth
Until it blooms /// the mouth of the full moon breathes again
    Under the snow /// garden memory of itself they're talking together
        As if no longer themselves /// with two voices
In a relocated room /// a whole silence in a single word
    The garden of speech closes up /// an eyelid lowered before
        The voice of violence /// a folded fan of evil /// splinters
Deep in my fingers: do I have any reserves left for waiting and to you
    Does any space belong at all?

PLANT ROOM VIII

… raz sa ťa dotkla duša ako tvoja
a nespoznala si ju…

    28.8.2008

PLANT ROOM IX

… nesmierne zlyhania bez rozlúčky
       v letnom azúre pulzuje srdce z pletív rastlín
              kremene medzihviezdny piesok

izba na miznutie (drevená skrinka)
izba na milovanie (lekná hlas nýmf)
izba na zabúdanie (fotografia kto nás na nej niesol)

… že všetko môže zaniknúť ak len
       na chvíľu opustíme nám určené
            strážne miesto…

PLANT ROOM VIII

… once you were touched by a soul like yours
and you did not know her…

   28.8.2008

PLANT ROOM IX

… immense break-ups without farewells
      in the summer's azure a heart plant tissue pulses
           quartz pebble of interstellar dust

a room for disappearing (a wooden cupboard)
a room for lovemaking (the water lily voice of a nymph)
a room for forgetting (a photograph who carried us in it)

… that everything can cease if only
      for a moment we leave the guard post
          destined for us

CANTO TRISTE

V d-moll: teraz vidím zimnú záhradu
s hustým srieňom na dulovníku a žltou psou búdou
a s Domenicom Scarlattim a jeho sonátami
so všetkými cestami ktoré vedú do záhrady
s nočnými výstrelmi na neviditeľné
Tichom dotknuté zvieratá
    6
V albume sa zbierajú neznáme fotografie snov:
visím na jednej ruke na schodoch vlaku
bez lokomotívy: vagón sa odpojí a mne sa podarí prejsť
dovnútra a vziať si svoju po kupé rozhádzanú batožinu
je tam aj ukradnutá blúzka z jedného starého sna…
    5
Cela sna sa zatvorí so všetkým tým čím nie som
v spomalenom negatíve rána sa otvára ráno
a tento riadok predvidenia do spadnutého hniezda
kamera stále zaostáva za skutočným…
    4
Samota bez názvu znovunastavenie významov
cez drevené schody na povalu hore a dolu
nočné vlaky, pokožka zvuku vytvára mení sa
    3
Zostáva vlak cez zdivočené vody osmóza
rastliny svetla na ktoré zabudne farba
    2
Kvety z jaskýň tekuté zrkadlá májové litánie…
    1

CANTO TRISTE

In D minor: Now I see the winter garden
dense hoarfrost on the quince tree and yellow kennel
and with Domenico Scarlatti and his sonatas
with all roads which lead to the garden
with night shots on the invisible
Animals caressed by silence
    6
In the album, unknown photos collected from dreams:
I'm hanging with one hand on the steps of a train
without a locomotive: a carriage is disconnected and I just manage
to enter and gather my luggage strewn over the couchette
There's also a stolen blouse from one of the old dreams…
    5
The cell of dreams closes with everything of what I'm not
in a slowed negative of morning, morning opens
and this line of foresight into a tumbled nest
the camera still lagging behind the real…
    4
Loneliness untitled resetting meanings
through the wooden stairs to the attic up and down
night trains, the complexion of sound creates, varies
    3
The train remains through wild water, osmosis
the light of plants in which colour forgets
    2
The litany of May liquidly mirrors flowers from caves…
    1

* * *

pripravené strieľať v tme (my) trúfalé lukostrelkyne
bude taká tma že ju budeme môcť nahmatať
bude taká tma až bude svetlom

v oku stred zúfalého terča v neustálom pohybe
akoby neopätovaný sen veľký hlad tela z kruhu
vytrhnutý jediný deň (ústa úst telo tela žena-muž)
(krátko a kruto sa milujeme)
bude taká tma že ju budeme môcť nahmatať
bude to také tmavé svetlo
bude to ako prvé napísané telo

* * *

Ready to shoot in the dark (we) daring archers
there will be such darkness that we can feel it
there will be such dark that it'll be light

in the eye of the centre of a desperate target in unceasing movement
as if an unrequited dream a great hunger of the body from the circle
an extracted single day (mouth of mouths body of body woman-man)
(briefly and cruelly we make love)
there will be such darkness that we can feel it
there will be such dark light
it will be like the first written body

* * *

raj je záhrada… a stena zo sveta
                     pomalý záhyb
hľadám (vždy teba)…
              z inej strany
v izbe sa pohne biely nábytok
kovové svetlo (matne)
v drevených krídlach (dverí)
dievčatko-anjel pred prahom
spálne skrúti sa do klbka a…
bež kým…

verí
kráčajú stromy tiene v raji
drevené krídla dverí sny závoje
záveje (nádej)   márne

* * *

paradise is a garden… and a wall from the world
                                           a slow fold
I search (always for you)…
                         from another side
in the room white furniture shifts
metallic light (matt)
in wooden wings (of the door)
at the threshhold of the bedroom
a girl-angel twists into a ball and…
runs until…

she trusts
the shadows of trees walk in paradise
the wooden wings of a door dreams a veil
snowdrifts (hope)   futile

V TRÁVE

miznutie v tráve: prekĺzne had (zrosené
drsné tekvicové listy)

                         čas srdca

to krehké smrteľné
ohrozenie časom a zatiaľ Mallarmého
nymfy splývajúce s poludňajším tieňom
ohrozujú zeleninový raj a plnia večné príkazy
dýchaj vezmi   nechaj!

IN THE GRASS

disappearance in the grass: a snake slips by (dew-wet
coarse pumpkin leaves)

                        a time of the heart

this fragile mortal
threat to time and while Mallarmé
nymphs merging with midday shadow
threaten the vegetable paradise and accomplish the eternal commands
breathe take   permit!

AKO

ako si byť všetkým keď náš dom horí a zasypaný suchou zemou
čaká na vodu na jarné prívaly teplého nádherného dažďa
ó komu to hovorím klíčenie je obojstranná pasca už v kvitnutí je
ľstivé oko náhod: zasvätenie do rastlinných pletív: ruža ako
zamatový uzol farby… zadusíš sa keď nevyslovíš dokedy?
skica smrti (dávam ti svetlo mojej pozornosti)
daj mi svetlo svojej pozornosti

zúfam   verím

HOW

how are we to be everything to each other when our house is burning and covered with dry earth waiting for water in the spring torrents of warm, gorgeous rain
oh to whom do i say that germination is a double-sided snare already in blossoming is the cunning eye of chance: the consecration of plant tissue: the rose as the velvet knot of colour… will you stifle if you don't declare until when?
death sketch (i grant you the light of my attention)
grant me the light of your attention

i lose heart   i trust

* * *

… akoby sa ligotal
obrátený kameň
vo svojom vlhkom tieni…

(z okna vlaku pri
Jesenskom údolí)

***

… as if an upturned
stone glittered
in its humid shadow…

(from a train window by
the Jesenské valley)

* * *

nepatriť len milovať
telo priložené ku každej vete odložená úzkosť
sloveso byť: prudký skok v gramatike
odkiaľ hovoríš a komu?
ešte raz povedz tú istú vetu
ako hustnutie svetla len prvý vnem
neprekryje vedomie premenlivý povrch všetkého
skrútená v koreňoch svojej rastliny prežijem
(to dané prežije len oddanosť)
veta ako napísaná alebo vypovedaná myšlienka:
môžeme pred ním nezlyhať?
do vlastných očí sa bez pohybu díva
(démon raja)

akákoľvek modlitba

* * *

don't belong only to love
the body attached to every sentence of anxiety deferred
to be the verb: a sudden leap in grammar
from where do you speak and to whom?
once more say the same sentence
like a thickening of light only the first perception
doesn't cover awareness the shifting surface of everything
twisted in the roots of my plants I survive
(this given survives only devotion)
a sentence like a written or revoked idea:
can we not fail before it?
motionless he gazes into his own eyes
(the demon of paradise)

any prayer

ZIMNÝ TELEFÓN

Prikrytý malým trsom trávy
Zvoní zo zeme

Vyzlečené hviezdy a
Trávy sa spoliehajú

Na naše zranené inštinkty
Pomáhame ako môžeme

Hľadáme všetky stratené signály
Drôty spletené s koreňmi rastlín

Trčia mlčiace zo zeme Vrátime sa
K priamej reči: »to už nikdy nehovor«

Odpoveď sa nakoniec predsa len
Priplazí: »viem čo si myslíš«

A potom stojíš krásna s klobúkom
Na moste v Miskolci v roku 1941

Ešte predo mnou a bez otca
Fotografia z toho nič nevie

Tak veľmi si veríš opretá
O zábradlie ktoré existuje

Len v tebe

WINTER TELEPHONE

Covered with a small clump of grass
It rings out from the earth

The stripped stars and
Grasses rely

On our injured instincts
We help how we can

We look for all the lost signals
Wire plaited with plant roots

They protrude mutely from the earth We return
To direct speech, "never ever speak of it"

The answer nevertheless at length
Creeps, "I know what you're thinking"

And then you stand beautiful in your hat
On the bridge in Miskolc in 1941

Still ahead of me and without my father
The photograph knows nothing of this

So very trustingly you lean
On the railing that exists

Only in you

IZBA

Igorovi

Perlorodka.
Ešte som sa celkom nezatvorila; ruky a nohy
   mi prerastajú cez posteľ a hlava (tvoja)
Krížom cez posteľ povieš takto je to lepšie
   matrace majú iný smer
Rozneženie ani neviem či… a kedy prídeš
   nevieme sa lúčiť deň a noc boli okrúhle
Ako Cézannovo jablko – je nedeľa je pondelok
   12 a 13 júl 2010 Milovanie akoby sme liezli po zlatých skalách

(Tebe vlastne to bolo 11 júla deň mimo kalendára)

ROOM

for Igor

    Freshwater pearl.
I'm not yet completely closed; my hands and feet
    grow over my bed and your head
Crossing over the bed you say over so it's better
    mattresses have a different direction
Tenderly I don't know whether or not… and when you come
    we can't part day and the night were round
Like Cézanne's apple – it's Sunday it's Monday
    12 and 13 July 2010 Making love as if we scaled golden rocks

(For you it was actually 11 July a day out of the calendar)

SRNA ZA OHRADOU SNA

terč; naozajstná ruža v izbe
so zovretým hrdlom pozorujem;
Rouaultov (tvoj) harlekýn je
tmavší odtlačok lásky
nechcem ho rozlúštiť
tajomstvo straty plynie
v predčasnom chlade
vzdialenej augustovej
oblohy ktorá začína byť
nebom
a otvára samohláskový
priestor…

ROE DEER BEHIND THE FENCE OF A DREAM

target; with a closed throat I observe
a real rose in the room;
Rouault's (your) Harlequin is
a darker imprint of love
I don't want to decipher it
the secret of loss flows
in a prematurely cold
remote August
sky that begins to be
heaven
and opens a vowel
space…

CRIMSON ALZARÍN

tyrania intimity za desať minút pol desiatej
s tvárou vrezanou do jeho moje okuliare
a hodinky na ruke a na stene tvoje ostré
hnedé oči hlavne pravé kde sa tiahne už
neviditeľná jazva (viem si ju predstaviť
červenú a živú na tvojej mladej tvári)
teraz pulzovať na spánkoch nevšimnúť
si jemný náznak červenej na povrch
prerážajúcej farby

ty už spi ty si obraz temný rybník obrastený
striebornými vŕbami a osikami v strede
dom ružovej telovej farby zmizne
akoby tam nikdy nebol
ty už vieš že áno a nie je pre nás to isté
démon lásky teraz
démon smrti vždy

(srnka spiaca v labyrintoch)

    (22. Mai 2011 Zajačia Dolina)

ALZARIN CRIMSON

the tyranny of intimacy at ten minutes short of ten-thirty
with my face furrowed into his my glasses
and watch in my hand and on the wall his sharp
brown eyes, especially the right where it stretches an already
invisible scar (I can imagine it
red and vivid on your young face)
now pulsing in your temples not noticing
a gentle mark of red on the surface
breaking through the colours

you now go to sleep you're an image dark pond overhung
with silver willows and alders in the centre
a house of fleshly pink colour disappears
as if it had never been there
you already know that yes and no is not the same for us
the demon of love now
the demon of death always

(roe deer asleep in labyrinths)

   (22. May 2011 Zajačia Dolina)

BIOGRAPHICAL NOTES

Mila Haugová was born on 14 June 1942 in Budapest and grew up bilingual, her father being Slovak, her mother Hungarian. As a child she lived in a number of places, including Uzhgorod (now in Ukraine) and different locations in Slovakia, finally settling in Zajačia Dolina; she now divides her time between there and Bratislava. She has a daughter Elvira, who translates into German and Hungarian from English, and two granddaughters.

With over twenty published poetry collections and two prose collections to her name, she is one of Slovakia's most highly-regarded poets. She was awarded the Prémia Literárneho Fondu Prize of the Association of Slovak Writers in 2009 for her poetry collection *Miznutie Anjelov* (The Disappearance of Angels) and in 2014, the prestigious Dominik Tatarka Prize for *Cetonia Aurata* (Rose Chafer).

Book-length translations of her poetry have been published in German, French and English, with *Scent of the Unseen* appearing from Arc Publications in 2003. Translations of individual poems have been published in Polish, Bulgarian, Hungarian, Russian, Ukrainian, Chinese and Esperanto, Spanish and other languages.

Mila has translated book-length selections from Sylvia Plath from English and from German, selections of Else Lasker-Schuler, Paul Celan, Georg Trakl, Ingeborg Bachmann and Sarah Kirsch.

She has read at festivals throughout Europe and has undertaken reading tours and broadcasts in Britain, the USA, Germany, Switzerland, France, Italy and the Netherlands.

James Sutherland-Smith lives in Slovakia and has published between twenty and thirty books of poetry, translation and academic work. His most recent collection of his own work is *The River and the Black Cat* (Shearsman Books, 2018). For his translation work he has received the Slovak Hviezdoslav Prize and the Serbian Zlatko Krasní Prize. Most recently, selections of his translations of Mária Ferenčuhová's and Ján Gavura's Slovak poetry, and Rajko Dzaković's Serbian poetry, have been published and James is working on a selection of the Serbian poet, Ivanka Radmanović.

As well as a first selection from the work of Mila Haugová, *Scent of the Unseen*, James has published selections of the Slovak poets, Juraj Briškár, Ján Buzássy, Ivan Laućík and Milan Rúfus among others, and of the Serbian poets, Ivana Milankov and Miodrag Pavlović – Milankov's *Dinner with Fish and Mirrors* appeared from Arc Publications in 2013 and Pavlović's *Selected Poems* from Salt Publications in 2014.

Two selections of his poetry have been translated into Slovak and *The River and the Black Cat* has recently been published in a Serbian version. Further translations of this collection will appear in other languages including Slovak.